Heinrich Heine

Kurze Worte, lange Küsse

Liebesgedichte

Hoffmann und Campe

1. Auflage 2018
Copyright © 2018
by Hoffmann und Campe Verlag, Hamburg
www.hoca.de
Einbandgestaltung: Sarah M. Hensmann
© Hoffmann und Campe
Gesetzt aus der Kepler Std
Druck und Bindung: CPI books GmbH, Leck
Printed in Germany
ISBN 978-3-455-40542-2

HOFFMANN
UND CAMPE

Ein Unternehmen der
GANSKE VERLAGSGRUPPE

INHALT

Kurze Worte,
lange Küsse

Der Kampf.

Im süßen Traum, bei stiller Nacht,
Da kam zu mir, mit Zaubermacht,
Mit Zaubermacht, die Liebste mein,
Sie kam zu mir in's Kämmerlein.

Ich schau' sie an, das holde Bild!
Ich schau' sie an, sie lächelt mild,
Und lächelt bis das Herz mir schwoll,
Und stürmisch kühn das Wort entquoll:

»Nimm hin, nimm alles was ich hab',
Mein Liebstes tret' ich gern dir ab,
Dürft' ich dafür dein Buhle seyn,
Von Mitternacht bis Hahnenschrei'n.«

Da staunt' mich an gar seltsamlich,
So lieb, so weh, und inniglich,
Und sprach zu mir die schöne Maid:
O, gieb mir deine Seligkeit!

»Mein Leben süß, mein junges Blut,
Gäb' ich, mit Freud und wohlgemuth,
Für dich, o Mädchen, engelgleich, –
Doch nimmermehr das Himmelreich.«

Wohl braust hervor mein rasches Wort,
Doch blühet schöner immerfort,
Und immer spricht die schöne Maid:
O, gieb mir deine Seligkeit!

Dumpf dröhnt dieß Wort mir in's Gehör,
Und schleudert mir ein Gluthenmeer
Wohl in der Seele tiefsten Raum;
Ich athme schwer, ich athme kaum. –

Das waren weiße Engelein,
Umglänzt von goldnem Glorienschein;
Nun aber stürmte wild herauf
Ein gräulich schwarzer Koboldhauf.

Die rangen mit den Engelein,
Und drängten fort die Engelein;
Und endlich auch die schwarze Schaar
In Nebelduft zerronnen war. –

Ich aber wollt' in Lust vergehn,
Ich hielt im Arm mein Liebchen schön;
Sie schmiegt sich an mich wie ein Reh,
Doch weint sie auch mit bitterm Weh.

Feins Liebchen weint; ich weiß warum,
Und küß' ihr Rosenmündlein stumm. –
»O still', feins Lieb, die Thränenfluth,
Ergieb dich meiner Liebesgluth.«

»Ergieb dich meiner Liebesgluth –«
Da plötzlich starr't zu Eis mein Blut;
Laut bebet auf der Erde Grund,
Und öffnet gähnend sich ein Schlund.

Und aus dem schwarzen Schlunde steigt
Die schwarze Schaar; – feins Lieb erbleicht!
Aus meinen Armen schwand feins Lieb;
Ich ganz alleine stehen blieb.

Da tanzt im Kreise, wunderbar,
Um mich herum, die schwarze Schaar,
Und drängt heran, erfaßt mich bald,
Und gellend Hohngelächter schallt.

Und immer enger wird der Kreis,
Und immer summt die Schauerweis':
Du gabest hin die Seligkeit,
Gehörst uns nun in Ewigkeit!

MINNEKLAGE.

Einsam klag ich meine Leiden,
Im vertrauten Schoos der Nacht;
Frohe Menschen muß ich meiden,
Fliehen scheu wo Freude lacht.

Einsam fließen meine Thränen,
Fließen immer, fließen still;
Doch des Herzens brennend Sehnen
Keine Thräne löschen will.

Einst ein lachend muntrer Knabe
Spielt' ich manches schöne Spiel,
Freute mich der Lebensgabe,
Wußte nie von Schmerzgefühl.

Denn die Welt war nur ein Garten,
Wo viel bunte Blumen blüh'n,
Wo mein Tagwerk Blumen-warten,
Rosen, Veilchen und Jasmin.

Träumend süß auf grüner Aue
Sah ich Bächlein fließen mild;
Wenn ich jetzt in Bächlein schaue,
Zeigt sich mir ein bleiches Bild.

Bin ein bleicher Mann geworden,
Seit mein Auge sie gesehn;
Heimlich weh ist mir geworden,
Wundersam ist mir gescheh'n.

Tief im Herzen hegt' ich lange
Englein stiller Friedensruh;
Diese flohen zitternd, bange,
Ihrer Sternenheimath zu.

Schwarze Nacht mein Aug' umdüstert,
Schatten drohen feindlich grimm;
Und im Busen heimlich flüstert
Eine eigen fremde Stimm'.

Fremde Schmerzen, fremde Leiden
Steigen auf mit wilder Wuth,
Und in meinen Eingeweiden
Zehret eine fremde Glut.

Aber daß in meinem Herzen
Flammen wühlen sonder Ruh,
Daß ich sterbe hin vor Schmerzen –
Minne sieh! das thatest du!

Das Wörtlein Liebe.

Ich wandelte unter den Bäumen
Mit meinem Gram allein;
Da kam das alte Träumen,
Und schlich mir in's Herz hinein.

Wer hat Euch dies Wörtlein gelehret,
Ihr Vöglein in luftiger Höh?
Schweigt still, wenn mein Herz es höret,
Dann thut es noch einmal so weh.

»Es kam ein Jungfräulein gegangen
Die sang es immerfort,
Da haben wir Vöglein gefangen
Das hübsche, goldne Wort.«

Das sollt Ihr mir nicht mehr erzählen,
Ihr Vöglein wunderschlau;
Ihr wollt meinen Kummer mir stehlen,
Ich aber niemanden trau.

Im wunderschönen Monat Mai

Im wunderschönen Monat Mai,
Als alle Knospen sprangen,
Da ist in meinem Herzen
Die Liebe aufgegangen.

Im wunderschönen Monat Mai,
Als alle Vögel sangen,
Da hab ich ihr gestanden
Mein Sehnen und Verlangen.

ICH KANN ES
NICHT VERGESSEN

Ich kann es nicht vergessen,
Geliebtes, holdes Weib,
Daß ich dich einst besessen,
Die Seele und den Leib.

Den Leib möcht' ich noch haben,
Den Leib so zart und jung;
Die Seele könnt Ihr begraben,
Hab' selber Seele genung.

Ich will meine Seele zerschneiden,
Und hauchen die Hälfte dir ein,
Und will dich umschlingen, wir müssen
Ganz Leib und Seele seyn.

(Der Kopf spricht:)

(Der Kopf spricht:)

Ach, wenn ich nur der Schemel wär',
Worauf der Liebsten Füße ruhn!
Und stampfte sie mich noch so sehr,
Ich wollte doch nicht klagen thun.

(Das Herz spricht:)

Ach, wenn ich nur das Kißchen wär',
Wo sie die Nadeln steckt hinein!
Und stäche sie mich noch so sehr,
Ich wollte mich der Stiche freu'n.

(Das Lied spricht:)

Ach wär' ich nur das Stück Papier,
Das sie als Papillote braucht!
Ich wollte heimlich flüstern ihr
Ins Ohr, was in mir lebt und haucht.

Mein süßes Lieb, wenn du im Grab,
Im dunkeln Grab wirst liegen,
Dann will ich steigen zu dir hinab,
Und will mich an dich schmiegen.

Ich küsse, umschlinge und presse dich wild,
Du Stille, du Kalte, du Bleiche!
Ich jauchze, ich zitt're, ich weine mild,
Ich werde selber zur Leiche.

Die Todten stehn auf, die Mitternacht ruft,
Sie tanzen im luftigen Schwarme;
Wir beide bleiben in der Gruft,
Ich liege in deinem Arme.

Die Todten stehn auf, der Tag des Gerichts
Ruft sie zu Qual und Vergnügen;
Wir beide bekümmern uns um nichts,
Und bleiben umschlungen liegen.

Wenn ich in deine Augen seh'

Wenn ich in deine Augen seh',
So schwindet all mein Leid und Weh;
Doch wenn ich küsse deinen Mund,
So werd' ich ganz und gar gesund.

Wenn ich mich lehn' an deine Brust,
Kommt's über mich wie Himmelslust;
Doch wenn du sprichst: ich liebe dich!
So muß ich weinen bitterlich.

LIEBSTE, SOLLST
MIR HEUTE SAGEN

Liebste, sollst mir heute sagen:
Bist du nicht ein Traumgebild',
Wie's in schwülen Sommertagen
Aus dem Hirn des Dichters quillt?

Aber nein, ein solches Mündchen,
Solcher Augen Zauberlicht,
Solch ein liebes, süßes Kindchen,
Das erschafft der Dichter nicht.

Basilisken und Vampyre,
Lindenwürm' und Ungeheu'r,
Solche schlimme Fabelthiere,
Die erschafft des Dichters Feu'r.

Aber dich und deine Tücke,
Und dein holdes Angesicht,
Und die falschen frommen Blicke –
Das erschafft der Dichter nicht.

AUF FLÜGELN
DES GESANGES

Auf Flügeln des Gesanges,
Herzliebchen, trag' ich dich fort,
Fort nach den Fluren des Ganges,
Dort weiß ich den schönsten Ort.

Dort liegt ein rothblühender Garten
Im stillen Mondenschein;
Die Lotosblumen erwarten
Ihr trautes Schwesterlein.

Die Veilchen kichern und kosen,
Und schau'n nach den Sternen empor;
Heimlich erzählen die Rosen
Sich duftende Märchen in's Ohr.

Es hüpfen herbei und lauschen
Die frommen, klugen Gazell'n;
Und in der Ferne rauschen
Des heiligen Stromes Well'n.

Dort wollen wir niedersinken
Unter dem Palmenbaum,
Und Liebe und Ruhe trinken,
Und träumen den seligen Traum.

DIE LOTOSBLUME
ÄNGSTIGT

Die Lotosblume ängstigt
Sich vor der Sonne Pracht,
Und mit gesenktem Haupte
Erwartet sie träumend die Nacht.

Der Mond das ist ihr Buhle,
Er weckt sie mit seinem Licht,
Und ihm entschleyert sie freundlich
Ihr frommes Blumengesicht.

Sie blüht und glüht und leuchtet,
Und starret stumm in die Höh';
Sie duftet und weinet und zittert
Vor Liebe und Liebesweh'.

AUF MEINER
HERZLIEBSTEN ÄUGELEIN

Auf meiner Herzliebsten Äugelein
Mach' ich die schönsten Canzonen.
Auf meiner Herzliebsten Mündchen klein
Mach' ich die besten Terzinen.
Auf meiner Herzliebsten Wängelein
Mach' ich die herrlichsten Stanzen.
Und wenn meine Liebste ein Herzchen hätt',
Ich machte darauf ein hübsches Sonett.

DU LIEBST MICH NICHT

Du liebst mich nicht, du liebst mich nicht,
Das kümmert mich gar wenig;
Schau' ich dir nur in's Angesicht,
So bin ich froh wie'n König.

Du hassest, hassest mich sogar,
So spricht dein rothes Mündchen;
Reich' mir es nur zum Küssen dar,
So tröst' ich mich, mein Kindchen.

ICH HAB' IM
TRAUM' GEWEINET

Ich hab' im Traum' geweinet,
Mir träumte du lägest im Grab'.
Ich wachte auf und die Thräne
Floß noch von der Wange herab.

Ich hab' im Traum' geweinet,
Mir träumt' du verließest mich.
Ich wachte auf, und ich weinte
Noch lange bitterlich.

Ich hab' im Traum' geweinet,
Mir träumte du bliebest mir gut.
Ich wachte auf, und noch immer
Strömt meine Thränenfluth.

O SCHWÖRE NICHT
UND KÜSSE NUR

O schwöre nicht und küsse nur,
Ich glaube keinem Weiberschwur!
Dein Wort ist süß, doch süßer ist
Der Kuß, den ich dir abgeküßt!
Den hab' ich, und dran glaub' ich auch,
Das Wort ist eitel Dunst und Hauch.

O schwöre, Liebchen, immerfort,
Ich glaube dir auf's bloße Wort!
An deinen Busen sink' ich hin,
Und glaube, daß ich selig bin;
Ich glaube, Liebchen, ewiglich,
Und noch viel länger liebst du mich.

Die Welt ist dumm

Die Welt ist dumm, die Welt ist blind,
Wird täglich abgeschmackter!
Sie spricht von dir, mein schönes Kind,
Du hast keinen guten Charakter.

Die Welt ist dumm, die Welt ist blind.
Und dich wird sie immer verkennen;
Sie weiß nicht wie süß deine Küsse sind,
Und wie sie beseligend brennen.

ICH WILL MEINE
SEELE TAUCHEN

Ich will meine Seele tauchen
In den Kelch der Lilje hinein;
Die Lilje soll klingend hauchen
Ein Lied von der Liebsten mein.

Das Lied soll schauern und beben,
Wie der Kuß von ihrem Mund',
Den sie mir einst gegeben
In wunderbar süßer Stund'.

AUS MEINEN
THRÄNEN SPRIESSEN

Aus meinen Thränen sprießen
Viel blühende Blumen hervor,
Und meine Seufzer werden
Ein Nachtigallenchor.

Und wenn du mich lieb hast, Kindchen,
Schenk' ich dir die Blumen all',
Und vor deinem Fenster soll klingen
Das Lied der Nachtigall.

ICH WOLLTE
MEINE LIEDER

Ich wollte meine Lieder
Das wären Blümelein,
Ich schickte sie zum riechen
Der Herzallerliebsten mein.

Ich wollte meine Lieder,
Das wären Küsse fein,
Ich schickt sie heimlich alle
Nach Liebchens Wängelein.

Ich wollte meine Lieder
Das wären Erbsen klein,
Ich kocht' eine Erbsensuppe,
Die sollte köstlich seyn.

ICH HAB' DICH GELIEBET
UND LIEBE DICH NOCH

Ich hab' dich geliebet und liebe dich noch!
Und fiele die Welt zusammen,
Aus ihren Trümmern stiegen doch
Hervor meiner Liebe Flammen.

SIE SASSEN UND
TRANKEN AM THEETISCH

Sie saßen und tranken am Theetisch,
Und sprachen von Liebe viel.
Die Herren, die waren ästhetisch,
Die Damen von zartem Gefühl.

Die Liebe muß seyn platonisch,
Der dürre Hofrath sprach.
Die Hofräthin lächelt ironisch,
Und dennoch seufzet sie: Ach!

Der Domherr öffnet den Mund weit:
Die Liebe sey nicht zu roh,
Sie schadet sonst der Gesundheit.
Das Fräulein lispelt: wie so?

Die Gräfin spricht wehmüthig:
Die Liebe ist eine Passion!
Und präsentiret gütig
Die Tasse dem Herren Baron.

Am Tische war noch ein Plätzchen;
Mein Liebchen, da hast du gefehlt.
Du hättest so hübsch, mein Schätzchen,
Von deiner Liebe erzählt.

Ein Jüngling
liebt ein Mädchen

Ein Jüngling liebt ein Mädchen,
Die hat einen Andern erwählt;
Der Andre liebt eine Andre,
Und hat sich mit dieser vermählt.

Das Mädchen heirathet aus Ärger
Den ersten besten Mann,
Der ihr in den Weg gelaufen;
Der Jüngling ist übel dran.

Es ist eine alte Geschichte,
Doch bleibt sie immer neu;
Und wem sie just passiret,
Dem bricht das Herz entzwei.

FREUNDSCHAFT, LIEBE,
STEIN DER WEISEN

Freundschaft, Liebe, Stein der Weisen,
Diese dreye hört' ich preisen,
Und ich pries und suchte sie,
Aber ach! ich fand sie nie.

PHILISTER IN
SONNTAGSRÖCKLEIN

Philister in Sonntagsröcklein
Spazieren durch Wald und Flur;
Sie jauchzen, sie hüpfen wie Böcklein,
Begrüßen die schöne Natur.

Betrachten mit blinzelnden Augen,
Wie Alles romantisch blüht;
Mit langen Ohren saugen
Sie ein der Spatzen Lied.

Ich aber verhänge die Fenster
Des Zimmers mit schwarzem Tuch;
Es machen mir meine Gespenster
Sogar einen Tagesbesuch.

Die alte Liebe erscheinet,
Sie stieg aus dem Todtenreich,
Sie setzt sich zu mir und weinet,
Und macht das Herz mir weich.

MANCH BILD
VERGESSENER ZEITEN

Manch Bild vergessener Zeiten
Steigt auf aus seinem Grab,
Und zeigt wie in deiner Nähe
Ich einst gelebet hab'.

Am Tage schwankte ich träumend
Durch alle Straßen herum;
Die Leute verwundert mich ansah'n,
Ich war so traurig und stumm.

Des Nachts da war es besser,
Da waren die Straßen leer;
Ich und mein Schatten selbander,
Wir wandelten schweigend einher.

Mit widerhallendem Fußtritt
Wandelt' ich über die Brück';
Der Mond brach aus den Wolken,
Und grüßte mit ernstem Blick.

Stehn blieb ich vor deinem Hause,
Und starrte in die Höh',
Und starrte nach deinem Fenster –
Das Herz that mir so weh.

Ich weiß, du hast aus dem Fenster
Gar oft herabgesehn,
Und sahst mich im Mondenlichte
Wie eine Säule stehn.

UND WÜSSTEN'S DIE BLUMEN, DIE KLEINEN

Und wüßten's die Blumen, die kleinen,
Wie tief verwundet mein Herz,
Sie würden mit mir weinen,
Zu heilen meinen Schmerz.

Und wüßten's die Nachtigallen,
Wie ich so traurig und krank,
Sie ließen fröhlich erschallen
Erquickenden Gesang.

Und wüßten sie mein Wehe,
Die goldnen Sternelein,
Sie kämen aus ihrer Höhe,
Und sprächen Trost mir ein.

Die alle können's nicht wissen,
Nur Eine kennt meinen Schmerz:
Sie hat ja selbst zerrissen,
Zerrissen mir das Herz.

DONNA CLARA.

In dem abendlichen Garten
Wandelt des Alkaden Tochter;
Pauken- und Trommetenjubel
Klingt herunter von dem Schlosse.

»Lästig werden mir die Tänze
Und die süßen Schmeichelworte,
Und die Ritter, die so zierlich
Mich vergleichen mit der Sonne.

»Ueberlästig wird mir Alles,
Seit ich sah, bei'm Strahl des Mondes,
Jenen Ritter, dessen Laute
Nächtens mich an's Fenster lockte.

»Wie er stand so schlank und muthig,
Und die Augen leuchtend schossen
Aus dem edelblassen Antlitz,
Glich er wahrlich Sanct Georgen.«

Also dachte Donna Clara,
Und sie schaute auf den Boden;
Wie sie aufblickt, steht der schöne,
Unbekannte Ritter vor ihr.

Händedrückend, liebeflüsternd,
Wandeln sie umher im Mondschein,
Und der Zephyr schmeichelt freundlich,
Mährchenartig grüßen Rosen.

Mährchenartig grüßen Rosen,
Und sie glüh'n wie Liebesboten. –
Aber sage mir, Geliebte,
Warum du so plötzlich roth wirst?

»Mücken stachen mich, Geliebter,
Und die Mücken sind, im Sommer,
Mir so tief verhaßt, als wären's
Langenas'ge Judenrotten.«

Laß die Mücken und die Juden,
Spricht der Ritter, freundlich kosend.
Von den Mandelbäumen fallen
Tausend weiße Blüthenflocken.

Tausend weiße Blüthenflocken
Haben ihren Duft ergossen. –
Aber sage mir, Geliebte,
Ist dein Herz mir ganz gewogen?

»Ja, ich liebe dich, Geliebter,
Bei dem Heiland sey's geschworen,
Den die gottverfluchten Juden
Boshaft tückisch einst ermordet.«

Laß den Heiland und die Juden,
Spricht der Ritter, freundlich kosend.
In der Ferne schwanken traumhaft
Weiße Liljen, lichtumflossen.

Weiße Liljen, lichtumflossen,
Blicken nach den Sternen droben. –
Aber sage mir, Geliebte,
Hast du auch nicht falsch geschworen?

»Falsch ist nicht in mir, Geliebter,
Wie in meiner Brust kein Tropfen
Blut ist von dem Blut der Mohren
Und des schmutz'gen Judenvolkes.«

Laß die Mohren und die Juden,
Spricht der Ritter, freundlich kosend;
Und nach einer Myrthenlaube
Führt er die Alkadentochter.

Mit den weichen Liebesnetzen
Hat er heimlich sie umflochten;
Kurze Worte, lange Küsse,
Und die Herzen überflossen.

Wie ein schmelzend süßes Brautlied
Singt die Nachtigall, die holde;
Wie zum Fackeltanze hüpfen
Feuerwürmchen auf dem Boden.

In der Laube wird es stiller,
Und man hört nur, wie verstohlen,
Das Geflüster kluger Myrthen
Und der Blumen Athemholen.

Aber Pauken und Trommeten
Schallen plötzlich aus dem Schlosse,
Und erwachend hat sich Clara
Aus des Ritters Arm gezogen.

»Horch! da ruft es mich, Geliebter,
Doch, bevor wir scheiden, sollst du
Nennen deinen lieben Namen,
Den du mir so lang verborgen.«

Und der Ritter, heiter lächelnd,
Küßt die Finger seiner Donna,
Küßt die Lippen und die Stirne,
Und er spricht zuletzt die Worte:

»Ich, Sennora, Eu'r Geliebter,
Bin der Sohn des vielbelobten,
Großen, schriftgelehrten Rabbi
Israel von Saragossa.«

ICH WEISS NICHT,
WAS SOLL ES BEDEUTEN

Ich weiß nicht, was soll es bedeuten,
Daß ich so traurig bin;
Ein Mährchen aus alten Zeiten,
Das kommt mir nicht aus dem Sinn.

Die Luft ist kühl und es dunkelt,
Und ruhig fließt der Rhein;
Der Gipfel des Berges funkelt
Im Abendsonnenschein.

Die schönste Jungfrau sitzet
Dort oben wunderbar,
Ihr gold'nes Geschmeide blitzet,
Sie kämmt ihr goldenes Haar.

Sie kämmt es mit goldenem Kamme,
Und singt ein Lied dabey;
Das hat eine wundersame,
Gewaltige Melodey.

Den Schiffer im kleinen Schiffe
Ergreift es mit wildem Weh;
Er schaut nicht die Felsenriffe,
Er schaut nur hinauf in die Höh'.

Ich glaube, die Wellen verschlingen
Am Ende Schiffer und Kahn;
Und das hat mit ihrem Singen
Die Lore-Ley gethan.

WENN ICH AN
DEINEM HAUSE

Wenn ich an deinem Hause
Des Morgens vorüber geh',
So freut's mich, du liebe Kleine,
Wenn ich dich am Fenster seh'.

Mit deinen schwarzbraunen Augen
Siehst du mich forschend an:
Wer bist du, und was fehlt dir,
Du fremder, kranker Mann?

»Ich bin ein deutscher Dichter,
Bekannt im deutschen Land;
Nennt man die besten Namen,
So wird auch der meine genannt.«

»Und was mir fehlt, du Kleine,
Fehlt Manchem im deutschen Land;
Nennt man die schlimmsten Schmerzen,
So wird auch der meine genannt.«

SIE HABEN HEUT
ABEND GESELLSCHAFT

Sie haben heut Abend Gesellschaft,
Und das Haus ist lichterfüllt.
Dort oben am hellen Fenster
Bewegt sich ein Schattenbild.

Du schaust mich nicht, im Dunkeln
Steh' ich hier unten allein;
Noch wen'ger kannst du schauen
In mein dunkles Herz hinein.

Mein dunkles Herze liebt dich
Es liebt dich und es bricht,
Und bricht und zuckt und verblutet,
Aber du siehst es nicht.

HAST DU DIE LIPPEN
MIR WUND GEKÜSST

Hast du die Lippen mir wund geküßt,
So küsse sie wieder heil,
Und wenn du bis Abend nicht fertig bist,
So hat es auch keine Eil.

Du hast ja noch die ganze Nacht,
Du Herzallerliebste mein!
Man kann in solch einer ganzen Nacht
Viel küssen und seelig seyn.

UND BIST DU ERST
MEIN EH'LICH WEIB

Und bist du erst mein eh'lich Weib,
Dann bist du zu beneiden,
Dann lebst du in lauter Zeitvertreib,
In lauter Plaisir und Freuden.

Und wenn du schiltst und wenn du tobst,
Ich werd' es geduldig leiden;
Doch wenn du meine Verse nicht lobst,
Laß ich mich von dir scheiden.

IM TRAUM SAH ICH
DIE GELIEBTE

Im Traum sah ich die Geliebte,
Ein banges, bekümmertes Weib,
Verwelkt und abgefallen
Der sonst so blühende Leib.

Ein Kind trug sie auf dem Arme,
Ein andres führt sie an der Hand,
Und sichtbar ist Armuth und Trübsal
Am Gange und Blick und Gewand.

Sie schwankte über den Marktplatz,
Und da begegnet sie mir,
Und sieht mich an, und ruhig
Und schmerzlich sag' ich zu ihr:

Komm mit nach meinem Hause,
Denn du bist blaß und krank;
Ich will durch Fleiß und Arbeit
Dir schaffen Speis' und Trank.

Ich will auch pflegen und warten
Die Kinder, die bei dir sind,
Vor Allem aber dich selber,
Du armes, unglückliches Kind.

Ich will dir nie erzählen,
Daß ich dich geliebet hab',
Und wenn du stirbst, so will ich
Weinen auf deinem Grab.

DIE JAHRE
KOMMEN UND GEHEN

Die Jahre kommen und gehen,
Geschlechter steigen in's Grab,
Doch nimmer vergeht die Liebe,
Die ich im Herzen hab'.

Nur einmal noch möcht ich dich sehen,
Und sinken vor dir auf's Knie,
Und sterbend zu dir sprechen:
Madame, ich liebe Sie!

Du Lilje
meiner Liebe

Du Lilje meiner Liebe,
Du stehst so träumend am Bach,
Und schaust hinein so trübe,
Und flüsterst Weh und Ach!

Geh fort mit deinem Gekose!
Ich weiß es, du falscher Mann,
Daß meine Cousine, die Rose,
Dein falsches Herz gewann.

ICH WOLLTE
BEI DIR WEILEN

Ich wollte bei dir weilen,
Und an deiner Seite ruhn;
Du mußtest von mir eilen,
Du hattest viel zu thun.

Ich sagte, daß meine Seele
Dir gänzlich ergeben sey;
Du lachtest aus voller Kehle,
Und machtest 'nen Knix dabei.

Du hast noch mehr gesteigert
Mir meinen Liebesverdruß,
Und hast mir sogar verweigert
Am Ende den Abschiedskuß.

Glaub' nicht, daß ich mich erschieße,
Wie schlimm auch die Sachen stehn!
Das Alles, meine Süße,
Ist mir schon einmal geschehn.

SIE LIEBTEN
SICH BEIDE

Sie liebten sich beide, doch keiner
Wollt' es dem andern gestehn;
Sie sahen sich an so feindlich,
Und wollten vor Liebe vergehn.

Sie trennten sich endlich und sah'n sich
Nur noch zuweilen im Traum;
Sie waren längst gestorben,
Und wußten es selber kaum.

Himmlisch war's

Himmlisch war's, wenn ich bezwang
Meine sündige Begier,
Aber wenn's mir nicht gelang,
Hatt' ich doch ein groß Plaisir.

WER ZUM
ERSTENMALE LIEBT

Wer zum erstenmale liebt,
Sey's auch glücklos, ist ein Gott;
Aber wer zum zweitenmale
Glücklos liebt, der ist ein Narr.

Ich, ein solcher Narr, ich liebe
Wieder ohne Gegenliebe!
Sonne, Mond und Sterne lachen,
Und ich lache mit – und sterbe.

LASS AB!

Der Tag ist in die Nacht verliebt,
Der Frühling in den Winter,
Das Leben verliebt in den Tod –
Und du, du liebest mich!

Du liebst mich – schon erfassen dich
Die grauenhaften Schatten,
All deine Blüthe welkt,
Und deine Seele verblutet.

Laß ab von mir, und liebe nur
Die heiteren Schmetterlinge,
Die da gaukeln im Sonnenlicht –
Laß ab von mir und dem Unglück.

WEIL ICH DICH LIEBE

Weil ich dich liebe, muß ich fliehend
Dein Antlitz meiden – zürne nicht.
Wie paßt dein Antlitz, schön und blühend,
Zu meinem traurigen Gesicht!

Weil ich dich liebe wird so bläßlich,
So elend mager mein Gesicht –
Du fändest mich am Ende häßlich –
Ich will dich meiden – zürne nicht.

KÜSSE, DIE MAN STIEHLT IM DUNKELN

Küsse, die man stiehlt im Dunkeln
Und im Dunkeln wiedergiebt,
Solche Küsse wie beseel'gen
Sie die Seele, wenn sie liebt!

Ahnend und erinn'rungsüchtig,
Denkt die Seele sich dabey
Manches von vergangnen Tagen,
Und von Zukunft mancherley.

Doch das gar zu viele Denken
Ist bedenklich, wenn man küßt; –
Weine lieber, liebe Seele,
Weil das Weinen leichter ist.

IN DEN KÜSSEN
WELCHE LÜGE

In den Küssen welche Lüge!
Welche Wonne in dem Schein!
Ach, wie süß ist das Betrügen,
Süßer das Betrogenseyn!

Liebchen, wie du dich auch wehrest,
Weiß ich doch, was du erlaubst;
Glauben will ich, was du schwörest,
Schwören will ich, was du glaubst.

DER BRIEF,
DEN DU GESCHRIEBEN

Der Brief, den du geschrieben,
Er macht mich gar nicht bang;
Du willst mich nicht mehr lieben,
Aber dein Brief ist lang.

Zwölf Seiten, eng und zierlich!
Ein kleines Manuskript!
Man schreibt nicht so ausführlich
Wenn man den Abschied giebt.

SAG' MIR WER EINST
DIE UHREN ERFUND

Sag' mir wer einst die Uhren erfund,
Die Zeitabtheilung, Minuten und Stund'?
Das war ein frierend trauriger Mann.
Er saß in der Winternacht und sann,
Und zählte der Mäuschen heimliches Quicken
Und des Holzwurms ebenmäßiges Picken.

Sag' mir wer einst das Küssen erfund?
Das war ein glühend glücklicher Mund;
Er küßte und dachte nichts dabey.
Es war im schönen Monath May,
Die Blumen sind aus der Erde gesprungen,
Die Sonne lachte, die Vögel sungen.

ES WAR EIN
ALTER KÖNIG

Es war ein alter König,
Sein Herz war schwer, sein Haupt war grau;
Der arme alte König,
Er nahm eine junge Frau.

Es war ein schöner Page,
Blond war sein Haupt, leicht war sein Sinn;
Er trug die seidne Schleppe
Der jungen Königinn.

Kennst du das alte Liedchen?
Es klingt so süß, es klingt so trüb!
Sie mußten beide sterben,
Sie hatten sich viel zu lieb.

DIE BLAUEN
FRÜHLINGSAUGEN

Die blauen Frühlingsaugen
Schau'n aus dem Gras hervor;
Das sind die lieben Veilchen,
Die ich zum Strauß erkor.

Ich pflücke sie und denke,
Und die Gedanken all,
Die mir im Herzen seufzen,
Singt laut die Nachtigall.

Ja, was ich denke, singt sie
Lautschmetternd, dass es schallt;
Mein zärtliches Geheimniß
Weiß schon der ganze Wald.

DIE SCHLANKE
WASSERLILJE

Die schlanke Wasserlilje
Schaut träumend empor aus dem See;
Da grüßt der Mond herunter
Mit lichtem Liebesweh.

Verschämt senkt sie das Köpfchen
Wieder hinab zu den Well'n –
Da sieht sie zu ihren Füßen
Den armen blassen Gesell'n.

LEISE ZIEHT
DURCH MEIN GEMÜTH

Leise zieht durch mein Gemüth
Liebliches Geläute
Klinge, kleines Frühlingslied,
Kling' hinaus in's Weite.

Kling' hinaus, bis an das Haus,
Wo die Blumen sprießen.
Wenn du eine Rose schaust,
Sag' ich lass sie grüßen.

EHMALS GLAUBT ICH

Ehmals glaubt ich, alle Küsse,
Die ein Weib uns giebt und nimmt,
Seyen uns, durch Schicksalschlüsse,
Schon urzeitlich vorbestimmt.

Küsse nahm ich und ich küßte
So mit Ernst in jener Zeit,
Als ob ich erfüllen müßte
Thaten der Nothwendigkeit.

Jetzo weiß ich, überflüssig,
Wie so manches ist der Kuß,
Und mit leichtern Sinnen küss' ich,
Glaubenlos im Ueberfluß.

DER SCHMETTERLING
IST IN DIE ROSE VERLIEBT

Der Schmetterling ist in die Rose verliebt,
Umflattert sie tausendmahl,
Ihn selber aber goldig zart,
Umflattert der liebende Sonnenstral.

Jedoch, in wen ist die Rose verliebt?
Das wüßt' ich gar zu gern.
Ist es die singende Nachtigall?
Ist es der schweigende Abendstern?

Ich weiß nicht, in wen die Rose verliebt;
Ich aber lieb' Euch all:
Rose, Schmetterling, Sonnenstral,
Abendstern und Nachtigall.

DER WEITE BODEN
IST ÜBERZOGEN

Der weite Boden ist überzogen
Mit Blumendecken, der grüne Wald,
Er wölbt sich hoch zu Siegesbogen,
Gefiederte Einzugsmusik erschallt.

Es kommt der schöne Lenz geritten,
Sein Auge sprüht, die Wange glüht!
Ihr solltet ihn zur Hochzeit bitten,
Denn gerne weilt er wo Liebe blüht.

SCHAFF' MICH NICHT AB, WENN AUCH DEN DURST

Schaff' mich nicht ab, wenn auch den Durst
Gelöscht der holde Trunk;
Behalt' mich noch ein Vierteljahr,
Dann hab' auch ich genug.

Kannst du nicht mehr Geliebte seyn,
Sey Freundinn mir sodann;
Hat man die Liebe durchgeliebt,
Fängt man die Freundschaft an.

DASS DU MICH LIEBST

Daß du mich liebst, das wußt' ich,
Ich hatt' es längst entdeckt;
Doch als du mir's gestanden
Hat es mich tief erschreckt.

Ich stieg wohl auf die Berge
Und jubelte und sang;
Ich ging an's Meer und weinte
Bey'm Sonnenuntergang.

Mein Herz ist wie die Sonne
So flammend anzusehn,
Und in ein Meer von Liebe
Versinkt es groß und schön.

ICH HALTE IHR
DIE AUGEN ZU

Ich halte ihr die Augen zu
Und küss' sie auf den Mund;
Nun läßt sie mich nicht mehr in Ruh,
Sie fragt mich um den Grund.

Von Abend spät bis Morgens fruh,
Sie fragt zu jeder Stund:
Was hältst du mir die Augen zu
Wenn du mir küßt den Mund?

Ich sag' ihr nicht weßhalb ich's thu',
Weiß selber nicht den Grund –
Ich halte ihr die Augen zu
Und küss' sie auf den Mund.

WIE ENTWICKELN SICH
DOCH SCHNELLE

Wie entwickeln sich doch schnelle,
Aus der flüchtigsten Empfindung,
Leidenschaften ohne Grenzen
Und die zärtlichste Verbindung!

Täglich wächst zu dieser Dame
Meines Herzens tiefste Neigung,
Und daß ich in sie verliebt sey
Wird mir fast zur Ueberzeugung.

Schön ist ihre Seele. Freylich,
Das ist immer eine Meinung,
Sich'rer bin ich von der Schönheit
Ihrer äußeren Erscheinung.

Diese Hüften! Diese Stirne!
Diese Nase! Die Entfaltung
Dieses Lächelns auf den Lippen!
Und wie gut ist ihre Haltung!

MIR REDET EIN
DIE EITELKEIT

Mir redet ein die Eitelkeit
Daß du mich heimlich liebest,
Doch klügre Einsicht flüstert mir,
Daß du nur Großmuth übest;

Daß du den Mann zu würdgen strebst
Den Andre unterschätzen,
Daß du mir doppelt gütig bist,
Weil Andre mich verletzen.

Du bist so hold, du bist so schön!
So tröstlich ist dein Kosen!
Die Worte klingen wie Musik
Und duften wie die Rosen.

Du bist mir wie ein hoher Stern,
Der mich vom Himmel grüßet,
Und meine Erdennacht erhellt,
Und all mein Leid versüßet.

ICH LIEBE SOLCHE
WEISSE GLIEDER

Ich liebe solche weiße Glieder,
Der zarten Seele schlanke Hülle,
Wildgroße Augen und die Stirne
Umwogt von schwarzer Lockenfülle!

Du bist so recht die rechte Sorte,
Die ich gesucht in allen Landen;
Auch meinen Werth hat Euresgleichen
So recht zu würdigen verstanden.

Du hast an mir den Mann gefunden
Wie du ihn brauchst. Du wirst mich reichlich
Beglücken mit Gefühl und Küssen,
Und dann verrathen, wie gebräuchlich.

KITTY STIRBT

Kitty stirbt! und ihre Wangen
Seh' ich immer mehr erblassen.
Dennoch kurz vor ihrem Tode
Muß ich Aermster sie verlassen.

Kitty stirbt! und kalt gebettet
Liegt sie bald im Kirchhofsgrunde.
Und sie weiß es! Doch für Andre
Sorgt sie bis zur letzten Stunde.

Sie verlangt, daß ich die Strümpfe
Nächsten Winter tragen solle,
Die sie selber mir gestrickt hat
Von der wärmsten Lämmerwolle.

EIN WEIB.

Sie hatten sich beide so herzlich lieb,
Spitzbübin war sie, er war ein Dieb.
Wenn er Schelmenstreiche machte,
Sie warf sich auf's Bett und lachte.

Der Tag verging in Freud und Lust,
Des Nachts lag sie an seiner Brust.
Als man in's Gefängniß ihn brachte,
Sie stand am Fenster und lachte.

Er ließ ihr sagen: O komm zu mir,
Ich sehne mich so sehr nach dir,
Ich rufe nach dir, ich schmachte –
Sie schüttelt' das Haupt und lachte.

Um sechse des Morgens ward er gehenkt,
Um sieben ward er in's Grab gesenkt;
Sie aber schon um achte
Trank rothen Wein und lachte.

DAS HOHELIED.

Des Weibes Leib ist ein Gedicht,
Das Gott der Herr geschrieben
Ins große Stammbuch der Natur,
Als ihn der Geist getrieben.

Ja, günstig war die Stunde ihm,
Der Gott war hoch begeistert;
Er hat den spröden, rebellischen Stoff
Ganz künstlerisch bemeistert.

Fürwahr, der Leib des Weibes ist
Das Hohelied der Lieder;
Gar wunderbare Strophen sind
Die schlanken, weißen Glieder.

O, welche göttliche Idee
Ist dieser Hals, der blanke,
Worauf sich wiegt der kleine Kopf,
Der lockige Hauptgedanke.

Der Brüstchen Rosenknospen sind
Epigrammatisch gefeilet;
Unsäglich entzückend ist die Cäsur
Die streng den Busen theilet.

Den plastischen Schöpfer offenbart
Der Hüften Parallele;
Der Zwischensatz mit dem Feigenblatt
Ist auch eine schöne Stelle.

Das ist kein abstraktes Begriffspoem!
Das Lied hat Fleisch und Rippen,
Hat Hand und Fuß; es lacht und küßt
Mit schöngereimten Lippen.

Hier athmet wahre Poesie!
Anmuth in jeder Wendung!
Und auf der Stirne trägt das Lied
Den Stempel der Vollendung.

Lobsingen will ich dir, o Herr,
Und dich im Staub anbeten!
Wir sind nur Stümper gegen dich,
Den himmlischen Poeten.

Versenken will ich mich, o Herr,
In deines Liedes Prächten;
Ich widme seinem Studium
Den Tag mitsammt den Nächten.

Ja, Tag und Nacht studier ich dran,
Will keine Zeit verlieren;
Die Beine werden mir so dünn –
Das kommt vom vielen Studieren.

AN JENNY.

Ich bin nun fünf und dreyzig Jahr alt,
Und du bist fünfzehnjährig kaum ...
O Jenny, wenn ich dich betrachte,
Erwacht in mir der alte Traum!

Im Jahre achtzehnhundert siebzehn
Sah ich ein Mädchen, wunderbar
Dir ähnlich an Gestalt und Wesen,
Auch trug sie ganz wie du das Haar.

Ich geh' auf Universitäten,
Sprach ich zu ihr, ich komm' zurück
In kurzer Zeit, erwarte meiner.
Sie sprach: du bist mein einz'ges Glück.

Drey Jahre schon hatt' ich Pandekten
Studiert, als ich am ersten May,
Zu Göttingen, die Nachricht hörte:
Daß meine Braut vermählet sey.

Es war am ersten May! Der Frühling
Zog lachend grün durch Feld und Thal,
Die Vögel sangen, und es freute
Sich jeder Wurm im Sonnenstral.

Ich aber wurde blaß und kränklich,
Und meine Kräfte nahmen ab;
Der liebe Gott nur kann es wissen,
Was ich des Nachts gelitten hab'.

Doch ich genas. Meine Gesundheit
Ist jetzt so stark wie'n Eichenbaum ...
O Jenny, wenn ich dich betrachte,
Erwacht in mir der alte Traum!

ES KOMMT ZU SPÄT
WAS DU MIR LÄCHELST

Es kommt zu spät was du mir lächelst,
Was du mir seufzest kommt zu spät!
Längst sind gestorben die Gefühle,
Die du so grausam einst verschmäht.

Zu spät kommt deine Gegenliebe!
Es fallen auf mein Herz herab
All deine heißen Liebesblicke,
Wie Sonnenstralen auf ein Grab.

***

Nur wissen möcht ich: wenn wir sterben,
Wohin dann unsre Seele geht?
Wo ist das Feuer, das erloschen?
Wo ist der Wind, der schon verweht?

EMMA.

Emma sage mir die Wahrheit:
Ward ich närrisch durch die Liebe?
Oder ist die Liebe selber
Nur die Folge meiner Narrheit?

Ach! mich quälet, theure Emma,
Außer meiner tollen Liebe,
Außer meiner Liebestollheit,
Obendrein noch dies Dilemma.

»WOLLEN SIE IHR NICHT VORGESTELLT SEYN?«

»Wollen Sie ihr nicht vorgestellt seyn?«
Flüsterte mir die Herzoginn. –
»Bey Leibe nicht, ich müßt' ein Held seyn,
Ihr Anblick schon wirrt mir den Sinn.«

Das schöne Weib macht mich erbeben!
Es ahnet mir, in ihrer Näh'
Beginnt für mich ein neues Leben,
Mit neuer Lust, mit neuem Weh.

Es hält wie Angst mich von ihr ferne,
Es treibt mich Sehnsucht hin zu ihr!
Wie meines Schicksals wilde Sterne
Erscheinen diese Augen mir.

Die Stirn ist klar. Doch es gewittert
Dahinter schon der künft'ge Blitz,
Der künft'ge Sturm, der mich erschüttert
Bis in der Seele tiefsten Sitz.

Der Mund ist fromm. Doch mit Entsetzen
Unter den Rosen seh' ich schon
Die Schlangen, die mich einst verletzen
Mit falschem Kuß, mit süßem Hohn.

Die Sehnsucht treibt. – Ich muß mich näh'ren
Dem holden, unheilschwangern Ort –
Schon kann ich ihre Stimme hören –
Klingende Flamme ist ihr Wort. –

Sie fragt: »Monsieur, wie ist der Name
Der Sängerin, die eben sang?«
Stotternd antworte ich der Dame:
»Hab' nichts gehört von dem Gesang.«

DIE UNBEKANNTE.

Meiner goldgelockten Schöne
Weiß ich täglich zu begegnen,
In dem Tuileriengarten,
Unter den Kastanienbäumen.

Täglich geht sie dort spatzieren
Mit zwey häßlich alten Damen –
Sind es Tanten? Sind's Dragoner,
Die vermummt in Weiberröcken?

Niemand konnt mir Auskunft geben,
Wer sie sey? Bey allen Freunden
Frug ich nach, und stets vergebens!
Ich erkrankte fast vor Sehnsucht.

Eingeschüchtert von dem Schnurrbart
Ihrer zwey Begleiterinnen,
Und von meinem eignen Herzen
Noch viel strenger eingeschüchtert,

Wagt' ich nie ein seufzend Wörtchen
Im Vorübergeh'n zu flüstern,
Und ich wagte kaum mit Blicken
Meine Flamme zu bekunden.

Heute erst hab' ich erfahren
Ihren Namen. Laura heißt sie,
Wie die schöne Provenzalinn,
Die der große Dichter liebte.

Laura heißt sie! Nun da bin ich
Just so weit wie eins Petrarcha,
Der das schöne Weyb gefeyert
In Canzonen und Sonetten.

Laura heißt sie! Wie Petrarcha
Kann ich jetzt platonisch schwelgen
In dem Wohllaut dieses Namens –
Weiter hat er's nie gebracht.

WECHSEL.

Mit Brünetten hat's ein Ende!
Ich gerathe dieses Jahr
Wieder in die blauen Augen,
Wieder in das blonde Haar.

Die Blondine, die ich liebe,
Ist so fromm, so sanft, so mild!
In der Hand den Liljenstengel
Wäre sie ein Heil'genbild.

Schlanke, schwärmerische Glieder,
Wenig Fleisch, sehr viel Gemüth;
Und für Liebe, Hoffnung, Glaube,
Ihre ganze Seele glüht.

Sie behauptet, sie verstünde
Gar kein Deutsch – ich glaub' es nicht.
Niemals hättest du gelesen
Klopstocks himmlisches Gedicht?

ALTE ROSE.

Eine Rosenknospe war
Sie für die mein Herze glühte;
Doch sie wuchs, und wunderbar
Schoß sie auf in voller Blüthe.

Ward die schönste Ros' im Land,
Und ich wollt' die Rose brechen,
Doch sie wußte mich pikant
Mit den Dornen fortzustechen.

Jetzt, wo sie verwelkt, zerfetzt
Und verklatscht von Wind und Regen –
Liebster Heinrich bin ich jetzt,
Liebend kommt sie mir entgegen.

Heinrich hinten, Heinrich vorn,
Klingt es jetzt mit süßen Tönen;
Sticht mich jetzt etwa ein Dorn,
Ist es an dem Kinn der Schönen.

Allzu hart die Borsten sind,
Die des Kinnes Wärzchen zieren –
Geh' in's Kloster, liebes Kind,
Oder lasse dich rasiren.

VIER UND ZWANZIG
STUNDEN SOLL ICH

Vier und zwanzig Stunden soll ich
Warten auf das höchste Glück,
Das mir blinzelnd süß verkündet,
Blinzelnd süß der Seitenblick.

O! die Sprache ist so dürftig,
Und das Wort ein plumpes Ding;
Wird es ausgesprochen, flattert
Fort der schöne Schmetterling.

Doch der Blick, der ist unendlich,
Und er macht unendlich weit
Deine Brust, wie einen Himmel
Voll gestirnter Seligkeit.

SIE TANZT

Sie tanzt. Wie sie das Leibchen wiegt!
Wie jedes Glied sich zierlich biegt!
Das ist ein Flattern und ein Schwingen,
Um wahrlich aus der Haut zu springen.

Sie tanzt. Wenn sie sich wirbelnd dreht
Auf einem Fuß, und stille steht
Am End' mit ausgestreckten Armen,
Mag Gott sich meiner Vernunft erbarmen!

Sie tanzt. Derselbe Tanz ist das,
Den einst die Tochter Herodias'
Getanzt vor dem Judenkönig Herodes.
Ihr Auge sprüht wie Blitze des Todes.

Sie tanzt mich rasend – ich werde toll –
Sprich, Weib, was ich dir schenken soll?
Du lächelst? Heda! Trabanten! Läufer!
Man schlage ab das Haupt dem Täufer!

WANDERE!

Wenn dich ein Weib verrathen hat,
So liebe flink eine Andre;
Noch besser wär' es, du ließest die Stadt –
Schnüre den Ranzen und wandre!

Du findest bald einen blauen See,
Umringt von Trauerweiden;
Hier weinst du aus dein kleines Weh
Und deine engen Leiden.

Wenn du den steilen Berg ersteigst,
Wirst du beträchtlich ächzen;
Doch wenn du den felsigen Gipfel erreichst,
Hörst du die Adler krächzen.

Dort wirst du selbst ein Adler fast,
Du bist wie neugeboren,
Du fühlst dich frey, du fühlst du hast
Dort unten nicht viel verloren.

Der Asra.

Täglich ging die wunderschöne
Sultanstochter auf und nieder
Um die Abendzeit am Springbrunn,
Wo die weißen Wasser plätschern.

Täglich stand der junge Sklave
Um die Abendzeit am Springbrunn,
Wo die weißen Wasser plätschern;
Täglich ward er bleich und bleicher.

Eines Abends trat die Fürstin
Auf ihn zu mit raschen Worten:
Deinen Namen will ich wissen,
Deine Heimath, deine Sippschaft!

Und der Sklave sprach: ich heiße
Mohamet, ich bin aus Yemmen,
Und mein Stamm sind jene Asra,
Welche sterben, wenn sie lieben.

Helena.

Du hast mich beschworen aus dem Grab
Durch deinen Zauberwillen,
Belebtest mich mit Wollustgluth –
Jetzt kannst du die Gluth nicht stillen.

Preß deinen Mund an meinen Mund,
Der Menschen Odem ist göttlich!
Ich trinke deine Seele aus,
Die Todten sind unersättlich.

DER ABGEKÜHLTE.

Und ist man todt, so muß man lang
Im Grabe liegen; ich bin bang,
Ja, ich bin bang, das Auferstehen
Wird nicht so schnell von statten gehen.

Noch einmal, eh' mein Lebenslicht
Erlöschet, eh' mein Herze bricht –
Noch einmal möcht' ich vor dem Sterben
Um Frauenhuld beseligt werben.

Und eine Blonde müßt' es seyn,
Mit Augen sanft wie Mondenschein –
Denn schlecht bekommen mir am Ende
Die wild brünetten Sonnenbrände.

Das junge Volk voll Lebenskraft
Will den Tumult der Leidenschaft,
Das ist ein Rasen, Schwören, Poltern
Und wechselseit'ges Seelenfoltern!

Unjung und nicht mehr ganz gesund,
Wie ich es bin zu dieser Stund,
Möcht' ich noch einmal lieben, schwärmen
Und glücklich seyn – doch ohne Lärmen.

DAS GLÜCK IST
EINE LEICHTE DIRNE

Das Glück ist eine leichte Dirne,
Und weilt nicht gern am selben Ort;
Sie streicht das Haar dir von der Stirne
Und küßt dich rasch und flattert fort.

Frau Unglück hat im Gegentheile
Dich liebefest an's Herz gedrückt;
Sie sagt, sie habe keine Eile,
Setzt sich zu dir an's Bett und strickt.

DIE LIEBE BEGANN

Die Liebe begann im Monat Merz,
Wo mir erkrankte Sinn und Herz.
Doch als der May, der grüne, kam
Ein Ende all mein Trauern nahm.

Es war am Nachmittag um drey,
Wohl auf der Moosbank der Einsiedeley
Die hinter der Linde liegt versteckt,
Da hab ich Ihr mein Herz entdeckt.

Die Blumen dufteten. Im Baum
Die Nachtigall sang, doch hörten wir kaum
Ein einziges Wort von ihrem Gesinge –
Wir hatten zu reden viel wichtige Dinge.

Wir schwuren uns Treue bis in den Tod.
Die Stunden schwanden, das Abendroth
Erlosch. Doch saßen wir lange Zeit
Und weinten in der Dunkelheit.

MICH LOCKEN NICHT
DIE HIMMELSAUEN

Mich locken nicht die Himmelsauen
Im Paradies, im sel'gen Land;
Dort find' ich keine schönre Frauen
Als ich bereits auf Erden fand.

Kein Engel mit den feinsten Schwingen
Könnt' mir ersetzen dort mein Weib;
Auf Wolken sitzend Psalmen singen,
Wär auch nicht just mein Zeitvertreib.

O Herr! Ich glaub', es wär das Beste,
Du ließest mich in dieser Welt;
Heil' nur zuvor mein Leibgebreste
Und sorge auch für etwas Geld.

Ich weiß, es ist voll Sünd und Laster
Die Welt; jedoch ich bin einmal
Gewöhnt, auf diesem Erdpechpflaster
Zu schlendern durch das Jammerthal.

Genieren wird das Weltgetreibe
Mich nie, denn selten geh' ich aus;
In Schlafrock und Pantoffeln bleibe
Ich gern bey meiner Frau zu Haus.

Laß mich bey ihr! Hör' ich sie schwätzen,
Trinkt meine Seele die Musik
Der holden Stimme mit Ergetzen.
So treu und ehrlich ist ihr Blick!

Gesundheit nur und Geldzulage
Verlang' ich, Herr! O laß mich froh
Hinleben noch viel schöne Tage
Bey meiner Frau im statu quo!

DIE LIEBESGLUTEN

Die Liebesgluten, die so lodernd flammten,
Wo gehn sie hin wenn unser Herz verglommen?
Sie gehn dahin woher sie einst gekommen,
Zur Hölle, wo sie braten die Verdammten.

Alphabetisches Verzeichnis der Gedichtanfänge und Überschriften

Überschriften von der Hand des Autors sind gegenüber den Gedichtanfängen generell mit einem abschließenden Punkt gekennzeichnet (»Alte Rose.«). Die mit einem * gekennzeichneten Jahreszahlen geben ein nicht gesichertes, aber wahrscheinliches Entstehungsdatum an.

Heinrich Heine wurde 1797 in Düsseldorf als Sohn eines jüdischen Tuchhändlers geboren. Er studierte in Bonn, Göttingen und Berlin Jura und promovierte anschließend zum Dr. jur. Von 1827 bis 1831 folgten ausgedehnte Reisen nach England, Italien und in verschiedene Gegenden Deutschlands. 1831 ließ sich Heine als Frankreich-Korrespondent in Paris nieder und wirkte als geistiger Mittler zwischen Deutschland und Frankreich. Sein Ruf als einer der größten deutschen Lyriker ist unumstritten. 1844 erschien *Deutschland. Ein Wintermärchen*, seine bekannteste politische Satire, in der er aus der Sicht des Exilanten bissig-pointiert das Deutschland der Restaurationsepoche kommentiert. Heinrich Heine verstarb 1856 und liegt auf dem Pariser Montmartre-Friedhof begraben.

Zu dieser Ausgabe

Die Texte dieser Auswahl folgen der 1973ff. von Manfred Windfuhr im Verlag Hoffmann und Campe, Hamburg, herausgegebenen historisch-kritischen Ausgabe sämtlicher Werke in 16 Bänden, der sogenannten »Düsseldorfer Ausgabe« der Werke Heinrich Heines. Sie beruht auf den Texten letzter Hand und bewahrt orthographische Eigenheiten der Zeit (bspw. das Dehnungs-»h«, die Verwendung von »ey« statt »ei«, schwankende Einzelwortschreibungen, Apostrophierungen, Interpunktion). Diese wurden für die vorliegende Ausgabe beibehalten.